DU

ROLE DE LA TRANSCRIPTION

DANS

LA PRESCRIPTION DÉCENNALE DE L'HYPOTHÈQUE

PAR

M. MORAND

Chargé de cours à la Faculté de droit de Poitiers.

Extrait de la REVUE CRITIQUE DE LÉGISLATION ET DE JURISPRUDENCE.

PARIS

LIBRAIRIE COTILLON

F. PICHON, SUCCESSEUR, IMPRIMEUR-ÉDITEUR,

Libraire du Conseil d'État et de la Société de législation comparée

24, RUE SOUFFLOT, 24.

1894

DU

ROLE DE LA TRANSCRIPTION

DANS

LA PRESCRIPTION DÉCENNALE DE L'HYPOTHÈQUE

DU

ROLE DE LA TRANSCRIPTION

DANS

LA PRESCRIPTION DÉCENNALE DE L'HYPOTHÈQUE

PAR

M. MORAND

Chargé de cours à la Faculté de droit de Poitiers.

Extrait de la REVUE CRITIQUE DE LÉGISLATION ET DE JURISPRUDENCE.

PARIS

LIBRAIRIE COTILLON

F. PICHON, SUCCESSEUR, IMPRIMEUR-ÉDITEUR,

Libraire du Conseil d'État et de la Société de législation comparée

24, RUE SOUFFLOT, 24.

—

1894

C.

ROLE DE LA TRANSCRIPTION

LA PRESCRIPTION DÉCENNALE DE L'HYPOTHÈQUE

Un immeuble grevé d'hypothèques se trouve entre les mains
d'un tiers détenteur; la prescription de ces hypothèques est ac-
quise à ce tiers par le temps réglé pour la prescription de la propriété à son profit. Il importe donc de distinguer suivant que le
tiers détenteur a ou n'a pas juste titre et bonne foi; si l'un de ces
éléments fait défaut, l'hypothèque ne sera prescrite qu'au bout
de trente ans; — s'ils coexistent au contraire, la prescription
pourra se réaliser par un laps de temps de dix à vingt années;
mais elle ne courra, aux termes de l'art. 2180 4°, § 3, que de la
transcription du titre du tiers détenteur sur les registres de la
conservation des hypothèques. C'est cette seconde hypothèse que
nous nous proposons d'examiner, et seulement en tant qu'il s'agit
de préciser le rôle que joue ici la transcription.

1. On discute depuis longtemps sur le point de savoir quel est
le caractère de cette prescription d'où découle l'extinction de
l'hypothèque. Certains auteurs y voient une prescription libéra-
toire d'un caractère particulier, — d'autres, une prescription acquisitive de la liberté d'un fonds. Pour ceux-ci la disparition de
l'hypothèque n'est que la conséquence, — pour ceux-là elle est
la cause de l'acquisition par le tiers détenteur de la plénitude du

droit de propriété. Quoi qu'il en soit de cette controverse, personne ne conteste que le tiers détenteur, pour se prévaloir de cette prescription, ne doive justifier de l'accomplissement de conditions analogues à celles auxquelles la prescription acquisitive se trouve subordonnée (1).

Or la prescription décennale n'est accessible au tiers détenteur, de par l'art. 2180 4°, § 3, que s'il a fait transcrire son titre. La transcription du titre rentre-t-elle donc dans les conditions ordinaires de cette prescription? En donnant comme point de départ à la prescription de l'hypothèque, la transcription du titre du tiers détenteur, le législateur a-t-il eu pour but d'appliquer ici purement et simplement les règles de la prescription de dix à vingt ans? — Ou bien aux conditions ordinaires de cette prescription a-t-il voulu ajouter une condition nouvelle? Et si oui, pour quelles causes?

Il est des auteurs, peu nombreux à la vérité, pour qui la transcription serait, dans l'espèce, une formalité indispensable à l'existence de l'une des conditions essentielles de la prescription décennale, le juste titre. D'après eux, malgré le silence des textes sur ce point et en dépit des modifications qui furent apportées au projet élaboré par la Section de Législation du Conseil d'État, les mutations à titre onéreux d'immeubles susceptibles d'hypothèques, pour être opposables aux tiers, seraient restées, depuis le Code civil comme sous l'empire de la loi du 11 brumaire de l'an VII, soumises à la formalité de la transcription (2). De là les conséquences suivantes : les créanciers hypothécaires étant des tiers par rapport à l'aliénation de l'immeuble à eux hypothéqué consentie par leur débiteur, celui-ci n'est, à leur égard, dépouillé de la propriété du bien vendu qu'une fois la transcription opérée; l'acquéreur reste donc, en l'absence de transcription, dépourvu de titre vis-à-vis de ces créanciers hypothécaires, et ne saurait pour ce motif commencer à leur encontre une possession utile au point de vue de la prescription de dix à vingt ans. « Tant que la transcription n'a pas eu lieu, dit M. Pont, la propriété reste fixée

____

(1) Aubry et Rau, § 210, note 4. — Colmet de Santerre, *Cours analytique de Code civil*, t. IX, n° 164 *bis* II.

(2) Pont, *Des privilèges et hypothèques*, t. I, n°ˢ 257 et 258.

sur la tête de l'ancien propriétaire ; donc tant que la transcription
n'a pas eu lieu, la prescription ne court pas ; le créancier n'a pas
à agir, et ne peut même pas agir (1). »

3. Mais c'est là une manière de voir qui n'a recruté que peu
d'adhérents. L'examen des travaux préparatoires en effet ne
permet guère de douter que l'intention des rédacteurs du Code
civil n'ait été de rendre le transfert de la propriété immobi-
lière, même à l'égard des tiers, indépendant de toute transcription (2).

D'ailleurs, quand bien même il en serait autrement, il n'en
résulterait pas que la transcription fût nécessaire, pour que l'acquéreur d'un immeuble pût se procurer un juste titre vis-à-vis
des créanciers auxquels cet immeuble a été hypothéqué. — Le
titre de l'acquéreur, dit-on, tant qu'il n'a pas été transcrit, n'est
pas opposable aux créanciers hypothécaires ; il n'existe pour eux
que par la transcription. — Mais la transcription, et cela était
vrai sous la loi du 11 brumaire de l'an VII comme cela l'est
encore depuis la loi du 23 mars 1855, n'est pas une condition de
la validité des actes pour lesquels cette formalité a été prescrite.
L'acte non transcrit n'est pas opposable aux tiers, voilà tout ; et
cela veut dire simplement que les tiers pourront méconnaître
celles des conséquences juridiques de cet acte qui seraient susceptibles de leur causer préjudice ; cela n'implique nullement
qu'à l'égard des tiers cet acte soit dépourvu de toute existence de
fait. Titre non opposable aux tiers n'est donc pas synonyme de
titre inexistant pour les tiers. Or l'acquéreur qui invoque la prescription décennale à l'encontre des créanciers hypothécaires, ne se
prévaut pas vis-à-vis de ces créanciers des conséquences juridiques de son titre d'acquisition ; ce n'est pas en effet des conséquences juridiques de ce titre qu'il entend faire découler l'extinction de leurs hypothèques ; ce titre n'a d'autre rôle ici que celui
d'un simple élément de fait se joignant à un autre fait, qui est
celui de la possession, et pour cela il n'a pas besoin d'être transcrit (3). — Le principe qu'il n'y a pas de titre opposable aux

(1) Pont, *op. cit.*, t. II, n° 1252.
(2) Aubry et Rau, § 207 et note 8.
(3) Aubry et Rau, § 209, note 106.

tiers sans transcription, n'implique donc nullement qu'il n'y a de juste titre que le titre transcrit.

Aussi se refuse-t-on généralement à voir dans la disposition de l'art. 2180 4°, qui ne fait courir la prescription de l'hypothèque que de la transcription du titre du tiers détenteur, une application des principes généraux qui gouvernent la prescription décennale, une conséquence de cette idée que le tiers détenteur doit justifier, vis-à-vis des créanciers hypothécaires, de l'existence d'un juste titre à son profit. Pour la plupart des auteurs, il y aurait là une décision d'espèce, motivée par le désir du législateur de protéger les créanciers hypothécaires contre les dangers résultant pour eux de l'abréviation des délais ordinaires de la prescription (1). Une mutation de propriété peut en effet se produire, sans que rien ne vienne en révéler l'existence aux créanciers hypothécaires ; il en est ainsi notamment dans le cas où le débiteur vend l'immeuble hypothéqué, en s'en réservant la jouissance à titre d'usufruitier ou de locataire. L'hypothèse avait été prévue par l'art. 115 de la Coutume de Paris, qui décidait alors que la prescription ne courrait point. Les rédacteurs du Code ont, eux aussi, pensé qu'il y aurait injustice à laisser courir une prescription aussi courte que celle de dix ans à l'encontre des créanciers hypothécaires, avant qu'ils ne fussent avertis du péril qui les menace. Cet avertissement, c'est la transcription qui a pour mission de le leur donner.

4. Si telle est la raison d'être de la transcription requise par l'art. 2180 4°, on pourrait être tenté d'en conclure que dès l'instant où cette transcription est intervenue, la prescription va courir au profit du tiers détenteur, sans qu'il y ait lieu de se préoccuper du point de savoir si ce dernier a ou n'a pas encore pris possession de l'immeuble acheté par lui. La transcription une fois opérée, les créanciers hypothécaires sont en demeure d'intervenir, leur inaction devient une négligence coupable et l'équité commanderait, semble-t-il, de faire courir contre eux la prescription, sans attendre une mise en possession de l'acquéreur, qui ne leur apprendrait rien de nouveau.

(1) Persil, sur l'art. 2180, n° 34 ; — Leroux de Bretagne, *Prescription en matière civile*, t. II, n° 952 ; — Verdier, *Transcription hypothécaire*, n° 372.

Si la prescription de l'hypothèque était une prescription extinctive, obéissant aux règles ordinaires de cette prescription, cette
solution serait irréprochable. La prescription extinctive est en
effet basée sur l'inaction du créancier, et court dès que ce créancier s'est trouvé en mesure d'agir. Mais, extinctive ou non, la
prescription de l'hypothèque suppose la réunion de toutes les
conditions auxquelles se trouve subordonnée la prescription acquisitive; l'exigence de la transcription n'est qu'une condition de
plus, et comme la prescription décennale implique, aussi bien
que la prescription trentenaire, une prise de possession, la prescription qui nous occupe, ne saurait courir, malgré la transcription accomplie, avant la mise en possession du tiers détenteur.

Cette manière de voir est du reste parfaitement conforme au
texte de l'art. 2180 4°, § 3. Car ce texte ne dit pas : la prescription commence à courir du jour où le titre a été transcrit, —
mais : « elle ne commence à courir que du jour où il (le titre) a
été transcrit » ; c'est-à-dire la prescription ne peut pas courir s'il
n'y a pas eu transcription; elle courra au plus tôt à compter de la
transcription.

5. La transcription du titre n'est donc pas l'unique condition
mise au cours de la prescription décennale de l'hypothèque. —
Mais en est-elle une condition *sine qua non?* Sans transcription,
n'y a-t-il pas de prescription décennale possible?

Pour ceux qui pensent que, depuis la loi du 23 mars 1855 tout
au moins, la transcription doit être tenue pour un élément consti-
tutif du juste titre (1), le tiers détenteur d'un immeuble hypothéqué ne saurait évidemment se prévaloir de la prescription décennale à l'encontre des créanciers hypothécaires, s'il n'a fait
transcrire son titre d'acquisition; c'est la conséquence directe de
cette idée que la prescription de l'hypothèque est subordonnée à
l'accomplissement de conditions auxquelles l'est elle-même la
prescription acquisitive de la propriété. — D'autre part, comme
en cas de ventes successives le sous-acquéreur n'a de titre opposable aux tiers, — partant de juste titre, — que s'il a fait transcrire, non pas seulement son titre, mais aussi la cession consentie

(1) En ce sens, Alger, 15 novembre 1890, D. 91. 5. 405; — *Contrà*, Bastia,
5 février 1890, D. 90. 2. 363.

à son auteur par le vendeur originaire, ce sous-acquéreur ne pourra invoquer la prescription décennale pour faire tomber les hypothèques constituées du chef du vendeur originaire, que s'il est en mesure de justifier de la transcription, et du contrat où il a été partie, et de celui qui l'a précédé. — Si l'on admet au contraire, et c'est là qu'est la vérité, que, pour les rédacteurs du Code civil comme pour le législateur de 1855, la prescription de dix à vingt ans n'implique pas l'existence d'un titre transcrit, que l'exigence de la transcription dans l'art. 2180 4° n'a rien à voir avec le principe que la propriété n'est transférée à l'égard des tiers que par la transcription, et que cette formalité n'a ici d'autre but que de prévenir les créanciers hypothécaires que la prescription va courir contre eux, — on arrive alors à formuler des solutions toutes différentes. Si dans l'espèce en effet, le rôle de la transcription est de faire connaître aux créanciers hypothécaires l'aliénation intervenue et les dangers qui pour eux en découlent, — dès l'instant où cette transcription, à supposer qu'elle eût eu lieu, ne devrait rien apprendre à ces créanciers, elle devient une formalité superflue, et le retard apporté à son accomplissement ou même son omission ne saurait avoir pour résultat de différer ou d'empêcher le cours de la prescription décennale des hypothèques grevant l'immeuble aliéné.

6. Or il est un certain nombre d'hypothèses dans lesquelles la transcription ne présente pour les créanciers hypothécaires aucune utilité. Il en est ainsi tout d'abord dans le cas où ces créanciers ont eu connaissance de l'aliénation de l'immeuble hypothéqué, autrement que par la voie de la transcription. Le tiers détenteur peut-il alors être autorisé à rapporter la preuve de ce fait et à soutenir que la prescription décennale a pu courir, malgré l'absence de transcription? — Il n'y aurait aucune injustice à le faire, car cette transcription, intervenue par la suite, n'eût en somme appris aux créanciers hypothécaires que ce qu'ils savaient déjà.

Telle n'est pas cependant la solution à laquelle nous croyons devoir nous rallier. Indépendamment de l'argument d'analogie que l'on peut tirer contre elle du texte de l'art. 1071 du Code civil, relatif à la transcription des substitutions, il en est un autre fourni par l'histoire de la rédaction de l'art. 2180 4°, § 3.

Le projet élaboré par la Commission du gouvernement renfermait en effet une disposition empruntée à l'art. 115 de la Coutume de Paris et ainsi conçue : « Si le créancier avait juste cause d'ignorer l'aliénation, parce que le débiteur serait toujours demeuré en la possession de l'immeuble par bail, par la rétention d'usufruit ou un autre moyen semblable, la prescription n'a pas de cours pendant ce temps (1). » Ainsi l'on ne se préoccupait nullement du point de savoir si en fait les créanciers hypothécaires avaient ou non connu l'aliénation ; on ne considérait qu'une chose : les créanciers avaient-ils ou non une juste cause d'ignorer cette aliénation ? Et il suffisait que cette juste cause existât, pour que la prescription ne pût pas courir. Mais on pensa vraisemblablement par la suite que la simple substitution d'un détenteur à un autre n'était pas un indice certain de la mutation de propriété (2) ; le nouveau détenteur pouvait en effet n'être qu'un locataire ; de sorte que la situation restant indécise, l'inaction des créanciers hypothécaires était excusable. Et comme l'incertitude ne cessait en réalité qu'avec la transcription de l'acte d'aliénation, on décida que ce serait, non plus la mise en possession de l'acquéreur, mais la transcription qui marquerait le point de départ de la prescription décennale de l'hypothèque. — D'où il résulte que pour le législateur, la prescription ne doit pas courir tant que les créanciers hypothécaires ont une juste cause d'ignorer l'aliénation, et cette juste cause, elle subsiste tant qu'il n'y a pas eu transcription. Le tiers détenteur ne saurait donc, soit pour suppléer à l'absence de transcription, soit pour remédier au retard apporté dans l'accomplissement de cette formalité, arguer de ce fait que les créanciers hypothécaires ont été informés néanmoins de la cession qui lui a été faite de l'immeuble hypothéqué.

7. Il est d'autres hypothèses encore où il semble que la transcription soit dépourvue d'utilité, non plus comme tout à l'heure, parce que les créanciers hypothécaires savent déjà ce qu'elle est destinée à leur apprendre, — mais parce que, s'ils ignorent l'aliénation intervenue, il est impossible que la transcription, à elle seule, la leur fasse connaître.

(1) Fenet, t. II, p. 224.
(2) Aubry et Rau, § 209, note 106.

L'acquéreur de l'immeuble hypothéqué a, par exemple, traité avec un *non dominus;* qu'importe alors à ceux qui ont hypothèque sur l'immeuble vendu du chef du véritable propriétaire, que l'acte de vente ait été ou non transcrit? La transcription en effet s'opère, non sur le fonds aliéné, mais sur les parties à l'aliénation ; de sorte que, si les créanciers hypothécaires ne connaissent pas le nom de ce *non dominus* vendeur, ils ne pourront sur les registres de la conservation des hypothèques retrouver la trace de la cession consentie par ce dernier, quand bien même cette cession eût été transcrite. La transcription ne saurait donc ici remplir son but, qui est de révéler aux créanciers hypothécaires le passage entre les mains d'un tiers détenteur de l'immeuble à eux hypothéqué.

On se trouve alors dans l'alternative suivante : ou n'admettre que la prescription trentenaire, en dépit de la transcription, parce que la prescription décennale suppose que les créanciers hypothécaires ont été prévenus de la dépossession de leur débiteur par le fait de la transcription, et que dans l'espèce, cet avertissement, la transcription ne peut le leur donner, — ou bien décider que la prescription décennale pourra courir, même en l'absence de toute transcription ; la situation des créanciers est en effet la même, qu'il y ait eu ou qu'il n'y ait pas eu transcription ; dans un cas comme dans l'autre ils ignorent l'acquisition réalisée par le tiers détenteur. Si ce dernier peut prescrire par dix ans, lorsqu'il a fait transcrire, pourquoi ne le pourrait-il lorsque cette formalité n'a pas été remplie, puisque le défaut de transcription n'a pas pour résultat de rendre plus mauvaise la situation dans laquelle se trouvent les créanciers hypothécaires?

Or l'art. 2180 4°, § 3, autorise le tiers détenteur à prescrire par dix ans, pourvu qu'il satisfasse aux conditions auxquelles se trouve subordonnée la prescription décennale de la propriété ; il ne distingue pas suivant que ce tiers a acquis *a non domino* ou du véritable propriétaire. Celui qui a traité avec un *non dominus* peut donc prescrire par dix ans à l'encontre des créanciers hypothécaires. Conclusion : cette prescription est possible, même au cas où l'acquéreur n'a pas fait transcrire son titre (1).

(1) Il est à remarquer que dans l'espèce, la prescription de l'hypothèque aura le même point de départ que celle de la propriété.

On est arrivé quelquefois au même résultat, en raisonnant de la manière suivante : « La prescription de la propriété serait inutile, si elle n'emportait pas la prescription de l'hypothèque : celle-ci ferait donc revivre la propriété qui ne subsiste plus. Or le droit hypothécaire n'a jamais été jusque-là ; il s'attache bien à la propriété, il s'y incorpore, mais il ne la dépasse pas (1). » Si bien que par la possession de dix à vingt ans, le tiers acquéreur, qu'il ait ou non transcrit son titre, prescrit non seulement la propriété, mais encore les hypothèques qui grèvent l'immeuble du chef du véritable propriétaire. — C'est là une argumentation qu'il nous est impossible d'admettre ; le législateur a traité dans un texte spécial des rapports de la prescription et de l'hypothèque ; c'est donc à ce texte qu'il faut s'en tenir. Or il établit une prescription de l'hypothèque distincte de celle de la propriété ; la prescription de l'hypothèque suppose la réunion des mêmes conditions, mais elle se réalise à côté de la prescription de la propriété et en dehors d'elle (2) ; on ne saurait donc conclure de la prescription de la propriété à celle de l'hypothèque.

8. Lorsqu'un immeuble grevé d'hypothèques a fait l'objet de cessions successives, les transcriptions auxquelles ces cessions ont pu donner lieu, n'intéressent pas toutes au même degré les créanciers hypothécaires qui tiennent leurs droits du vendeur originaire. Qu'a voulu en effet le législateur, en subordonnant dans l'art. 2180 4° la prescription décennale de l'hypothèque à la transcription du titre? Empêcher que cette prescription ne pût courir contre les créanciers hypothécaires à leur insu.

Or, dès l'instant où la première aliénation a été transcrite, les créanciers hypothécaires savent ou tout au moins sont présumés savoir que l'immeuble à eux hypothéqué n'est plus la propriété de leur débiteur, et leur situation ne saurait être, à ce point de vue, modifiée par ce fait que l'acheteur a vendu à son tour et que cette nouvelle vente n'a pas été transcrite. Cette sous-aliénation, les créanciers hypothécaires l'ignoreront, soit; ils n'en connaissent pas moins la cession consentie par leur auteur ; or, cela seu-

(1) Req., 12 janvier 1831; Dalloz, *Rép. alph.*, v° *Prescription civile*, n° 950.

(2) Colmet de Santerre, t. IX, n° 164. — Aubry et Rau, t. III, § 293, p. 491.

lement les intéressé, car le législateur n'en demande pas davantage pour que la prescription décennale puisse courir contre eux. De là cette conséquence, qu'en cas d'aliénations successives il suffit, pour qu'un sous-acquéreur puisse opposer la prescription de dix à vingt ans aux créanciers ayant hypothèque du chef de vendeur originaire, que la première aliénation ait été transcrite. — C'est du reste en ce sens que s'est prononcée la Cour de Limoges par arrêt du 22 juin 1881 (1), duquel nous extrayons le passage suivant : « ... Considérant qu'il est évident que la formalité relative à la transcription n'a été imposée que dans l'intérêt du créancier inscrit, pour qu'il sût que les biens hypothéqués n'appartenaient plus à son débiteur originaire, et pour qu'il pût par suite prendre les mesures nécessaires pour sauvegarder ses intérêts ; — Considérant dès lors que, lorsque l'immeuble hypothéqué a été vendu par le débiteur et que le contrat de vente a été régulièrement transcrit, il devient inutile en ce qui touche la prescription de l'hypothèque, de faire de nouveau transcrire les contrats de vente successifs concernant le même immeuble... »

Lors au contraire que l'aliénation consentie par le vendeur originaire n'a pas été transcrite, celles qui l'ont suivie peuvent l'avoir été, les créanciers hypothécaires continuent à ignorer que leur débiteur a cessé d'être propriétaire ; c'est là chose en effet qu'ils ne peuvent connaître, étant donné la façon dont sont tenus les registres hypothécaires, que par une transcription faite sur ce débiteur. Or il n'y a que la transcription de la première aliénation qui satisfasse à cette condition ; si bien qu'en l'absence de cette transcription, la prescription trentenaire est la seule qui puisse atteindre les hypothèques qui grevaient l'immeuble à l'époque où le constituant s'est dépouillé.

Concluons donc qu'en cas d'aliénations successives, pour qu'un sous-acquéreur puisse invoquer la prescription décennale dans le but de faire tomber les hypothèques constituées par le vendeur originaire, il suffit, mais il est indispensable en même temps que la première aliénation ait été transcrite.

Telles sont les quelques observations que nous a suggérées

(1) S. 82. 2. 33.

l'étude de l'art. 2180 4°, § 3. Elles peuvent se résumer ainsi :
la transcription requise par ce texte a été ordonnée uniquement
dans l'intérêt des créanciers hypothécaires, pour les avertir du
danger résultant pour eux de la réduction des délais de la prescription ; mais l'accomplissement de cette formalité n'est pas la
seule condition mise au cours de la prescription décennale, et
son omission n'est un obstacle à cette prescription qu'autant que
la transcription aurait pu avoir pour effet de porter à la connaissance des créanciers hypothécaires le contrat transcrit.

Paris. — Imp. F. Pichon, 282, rue Saint-Jacques, et 24, rue Soufflot.

9 782329 170978